Inhalt

Schwarz-rotes Konjunkturpaket - Beschlossene Neuregelungen

Kernthesen

Beitrag

Fallbeispiele

Weiterführende Literatur

Impressum

GENIOS WirtschaftsWissen Nr. 05/2006 vom 08.05.2006

Schwarz-rotes Konjunkturpaket - Beschlossene Neuregelungen

A.Kaindl

Kernthesen

- Im April 2006 hat der Bundesrat dem von der Bundesregierung beschlossenen Programm für mehr Wachstum, Beschäftigung und Innovation zugestimmt.
- Neben staatlichen Investitionen in Bau, Verkehr und Forschung zählen auch die Einführung eines Elterngeldes und verschiedene Steuererleichterungen für Bürger und Unternehmen zum Paket.
- Ob das Konjunkturpaket die gewünschten

Wachstumsimpulse realisieren kann, wird von Wirtschaft und Politik unterschiedlich gesehen.

Beitrag

Während der Vorgänger von Bundeskanzlerin Angela Merkel die Konjunktur mit weniger Staat anheizen wollte, plant Merkel nun das Gegenteil: Sie will Unternehmen und Bürger am goldenen Zügel auf fette Wiesen führen, auf dass diese munter investieren, einstellen und konsumieren. (5)

Bundesregierung hat ein Konjunkturpaket auf den Weg gebracht

Die Bundesregierung hat ein Programm für mehr Wachstum, Beschäftigung und Innovation beschlossen. Es umfasst ein Volumen von EUR 25 Milliarden und betrifft den Zeitraum 2006 bis 2009. Einschließlich der Steuerausfälle bei Ländern und Gemeinden beläuft sich die Entlastung für Bürger und Unternehmen in diesen vier Jahren auf EUR 37 Milliarden. (1), (2)

Die Einnahmeausfälle will der Bund zu großen Teilen mit Hilfe eines Zukunftsfonds gegenfinanzieren. In diesen sollen Privatisierungserlöse fließen, beispielsweise aus der geplanten Privatisierung der Bahn. Zudem sollen Verkäufe von Telekom-Aktien, Immobilienvermögen und des Marshallplanfondsvermögens möglicherweise vorgezogen werden. Es ist aber auch ein weiterer Abbau von Vergünstigungen geplant. Eine Kreditfinanzierung ist nicht vorgesehen. Details will die Bundesregierung zusammen mit der Haushaltsaufstellung 2006 festlegen. (1), (3)

Überblick über die wichtigsten Eckpunkte des Konjunkturpakets

- Höhere Abschreibungsmöglichkeiten für Unternehmen

Unternehmen sollen künftig bewegliche Wirtschaftsgüter mit 30 Prozent degressiv abschreiben können. Bisher liegt der Höchstsatz bei 20 Prozent. Bei der degressiven Abschreibung wird der Wertverlust nicht für jedes Jahr der unterstellten Nutzung mit demselben Betrag angesetzt, sondern am Anfang mit hohen und dann fallenden Beträgen.

Die höhere degressive Abschreibung erleichtert die Finanzierung einer Investition, da damit die Steuerlast unmittelbar nach der Anschaffung geringer ist. Dieser Steuervorteil wird durch höhere Belastungen in späteren Jahren zwar ausgeglichen, aber es bleibt ein Zinsvorteil für die Unternehmen. Die Regelung soll rückwirkend zu Beginn dieses Jahres in Kraft treten und bis Ende 2007 gelten. Die Regel läuft aus, wenn die geplante Unternehmensteuerreform in Kraft tritt (siehe Knowledge Summary: Unternehmenssteuerreform derzeit diskutierte Modelle). (1), (2), (5)

- Erhöhte steuerliche Absetzbarkeit von Handwerkerrechnungen

Modernisierung und Instandhaltung können als haushaltsnahe Dienstleistungen stärker steuerlich geltend gemacht werden. Rückwirkend zum Jahresbeginn können jährlich die Arbeitskosten der Handwerkerleistungen für die Renovierung, Erhaltung und Modernisierung von Wohnungen, Häusern und Grundstücken zu einem Fünftel mit der Steuerlast verrechnet werden, maximal aber EUR 600. Dies gilt für Mieter und Eigentümer. (1), (2), (5)

- Umfangreichere Absetzbarkeit von Kinderbetreuungskosten

Geplant ist eine Förderung in zwei Stufen: Für Kinder bis zu sechs Jahren können Eltern, die beide erwerbstätig sind, Betreuungskosten über EUR 1 000 bis zu einem Maximalbetrag von EUR 4 000 von der Steuer absetzen. Es erfolgt kein Abzug von der Steuerschuld, sondern vom zu versteuernden Einkommen. Bei Kindern von sechs bis 14 Jahre können berufstätige Eltern ihre Betreuungskosten sogar vom ersten Euro an von der Steuer absetzen. Der jährliche Höchstbetrag beträgt EUR 4 000. Mit der neuen Steuerförderung will die große Koalition zwei Fliegen mit einer Klappe schlagen: Sie will die Vereinbarkeit von Familie und Beruf verbessern und zugleich Arbeitsplätze in Haushalten schaffen. (1), (2)

- Einführung eines Elterngeldes

Für ab 1. Januar 2007 geborene Kinder soll ein neues, einkommensabhängiges Elterngeld eingeführt werden. Es ersetzt das bisherige Erziehungsgeld. Die Lohnersatzleistung wird maximal 14 Monate gezahlt, zwölf Monate für einen Elternteil, zwei weitere Monate, wenn auch der Partner eine berufliche Auszeit nimmt. Das Elterngeld beträgt 67 Prozent des letzten Nettoeinkommens, höchstens jedoch EUR 1 800 Euro im Monat. Zudem ist ein Mindestelterngeld für Arbeitslose, Hausfrauen oder Hausmänner von EUR 300 pro Monat vorgesehen. Für Mütter oder Väter, die nach dem ersten Kind nicht wieder arbeiten gehen, sondern innerhalb von zwei Jahren das zweite Kind bekommen, sieht die Neureglung die Zahlung eines Anschlussgeldes vor. Dies orientiert sich auch am früheren Einkommen. (6), (7), (8), (9)

- Ausweitung des Gebäudesanierungsprogramms

Erhebliche Impulse insbesondere für den Mittelstand erhofft sich die Bundesregierung von den zusätzlichen Mitteln für die Energie-Gebäudesanierung. Zusammen mit den geplanten Steuerermäßigungen für die Modernisierung und Instandhaltung in privaten Haushalten und der Bereitstellung von EUR 120 Millionen für die Sanierung von Gebäuden des Bundes sollen für die Sanierung von 2006 bis 2009 jährlich EUR 1,4 Milliarden zur Verfügung stehen. Dadurch wird das Volumen bereits bestehender Programme erheblich ausgeweitet. (1)

- Zusätzliche Investitionen in die Verkehrsinfrastruktur

Die Investitionen werden in den vier Jahren von 2006 bis 2009 gegenüber den bisherigen Investitionsplanungen um EUR 4,3 Milliarden erhöht. Das Geld soll allen drei Verkehrsträgern Straße, Schiene und Wasser zugute kommen. Im Jahr 2006 will es die Regierung vorrangig in Straßenprojekte lenken, weil diese am schnellsten umgesetzt werden können. (1)

- Höhere Ausgaben für Forschung und Entwicklung

Die Bundesregierung will die Ausgaben für Forschung und Entwicklung bis 2010 auf drei Prozent des Bruttoinlandsprodukts anheben. Der Bund wird daher bis 2009 EUR sechs Milliarden zusätzlich bereitstellen. (1), (2)

- Verlängerung der Gewährung der Investitionszulage

Es erfolgt eine Fortführung in bisheriger Höhe über das Jahr 2006 hinaus und soll in den neuen Bundesländern "wachstumsrelevante und Arbeitsplatz schaffende Investitionen" fördern. (2)

- Umsatzsteuer: Erhöhung der Grenzen für die Ist-Besteuerung

Die Regelungen zur Umsatzsteuer werden insbesondere für kleinere Firmen ab dem 1. Juli 2006 gelockert. Wer in den alten Bundesländern weniger als EUR 250 000 pro Jahr umsetzt, muss die Mehrwertsteuer dann erst ans Finanzamt abführen, wenn der Kunde gezahlt hat - und nicht schon, wenn die Rechnung gestellt wurde. Bisher lag diese Grenze für die Ist-Besteuerung bei EUR 125 000 Jahresumsatz.

Für die neuen Bundesländer gilt weiterhin der höhere Wert von EUR 500 000. (2), (5)

Fallbeispiele

Im internationalen Vergleich ist die Wirkung von Konjunkturpaketen sehr unterschiedlich. Nach den Terroranschlägen vom 11. September 2001 hatte US-Präsident George W. Bush die Wirtschaft mit Steuersenkungen und einer Erhöhung des Verteidigungsetats erfolgreich angekurbelt. Japans Konjunkturprogramme der 90er Jahre zeigten dagegen kaum Wirkung. (3)

Die geplanten deutschen Maßnahmen sind zu gering: Würde die Bundesregierung eine ähnliche Finanzpolitik verfolgen wie die USA, müsste sich das Konjunkturprogramm allein im Jahr 2006 auf rund EUR 60 Milliarden belaufen. Stattdessen werden nur EUR neun Milliarden fließen, denn die geplanten EUR 37 Milliarden erstrecken sich auf vier Jahre. (3)

In der Wirkung könne das deutsche Wachstumspaket damit eher den Konjunkturprogrammen Japans aus den 90er Jahren ähneln. Da in Japan auf das Konjunkturpaket gleich wieder eine Steuererhöhung folgte, waren die Effekte auf die Wirtschaft nur von kurzer Dauer. (3)

Gustav Horn, Direktor des Instituts für Makroökonomie und Konjunkturforschung, zufolge, kann an den Veränderungen der Strukturdefizite erkannt werden, wie wenig Mittel in den 90er Jahren in Japan für die Konjunkturpakete im Vergleich zum US-Paket aufgewandt wurden. Nach OECD-Rechnung stieg das strukturelle Budgetdefizit der USA von 0,3 Prozent des Bruttoinlandsprodukts im Jahr 2001 auf 3,1 Prozent 2002. Das ergibt einen Impuls von fast 2,8 Prozentpunkten. In Japan dagegen stieg zwischen 1992 und 1999 nur einmal das Strukturdefizit um mehr als einen Prozentpunkt. Da bei der Berechnung des Strukturdefizits konjunkturelle Effekte herausgerechnet werden, kann es als guter Indikator dafür angesehen werden, ob der Staat die Wirtschaft ankurbelt oder bremst. (3)

Weiterführende Literatur

(1) Wohin geht das Geld?
aus Handelsblatt Nr. 008 vom 11.01.06 Seite 2

(2) Geld für Familien, Wirtschaft und Verkehr
aus Darmstädter Echo, 11.01.2006

(3) Starke Zweifel an Wachstumspaket Umfang des Konjunkturprogramms im internationalen Vergleich gering · Etatsanierung begrenzt Impuls
aus Financial Times Deutschland vom 10.01.2006, Seite 10

(4) Industrie will mehr von Merkel Konjunkturprogramm der Koalition stößt auf Kritik bei der Wirtschaft Gewerkschaften fordern weitere Investitionen / Regierung in Klausur
aus Berliner Zeitung, Ausgabe 8 vom 10.01.2006, S. 1

(5) Suche nach einem Geist von Genshagen
aus Frankfurter Allgemeine Zeitung, 09.01.2006, Nr. 7, S. 2

(6) Widerstand gegen Elterngeld
aus Frankfurter Allgemeine Zeitung, 18.04.2006, Nr. 90, S. 4

(7) Ministerin von der Leyen verteidigt Elterngeld gegen Kritik
aus DIE WELT, 18.04.2006, Nr. 90, S. 2

(8) Mehr Geld für Familien - neue Steuer für Reiche
aus Süddeutsche Zeitung, 03.05.2006, Ausgabe Deutschland, S. 1

(9) Einigung über Elterngeld und "Reichensteuer"
aus Frankfurter Allgemeine Zeitung, 03.05.2006, Nr. 102, S. 1

Impressum

Schwarz-rotes Konjunkturpaket - Beschlossene Neuregelungen

Bibliografische Information der deutschen Nationalbibliothek

Die Deutsche Nationalbibliothek verzeichnet diese Publikation in der deutschen Nationalbibliografie; detaillierte bibliografische Daten sind im Internet über http://dnb.d-nb.de abrufbar.

ISBN: 978-3-7379-1339-3

© 2015 GBI-Genios Deutsche Wirtschaftsdatenbank GmbH, Freischützstraße 96, 81927 München, www.genios.de

Alle Rechte vorbehalten. Dieses Werk ist einschließlich aller seiner Teile – z.B. Texte, Tabellen und Grafiken - urheberrechtlich geschützt. Jede Verwertung außerhalb der Grenzen des Urheberrechtsgesetzes bedarf der vorherigen Zustimmung des Verlags. Dies gilt insbesondere auch für auszugsweise Nachdrucke, fotomechanische Vervielfältigungen (Fotokopie/Mikroskopie), Übersetzungen, Auswertungen durch Datenbanken oder ähnliche Einrichtungen und die Einspeicherung und Verarbeitung in elektronischen Systemen.